Dieses Buch ist für:

_____

von:

_____

Über die Autorin

Nadja Nap wurde 1988 in Frankfurt am Main geboren. Sie ist Gymnasiallehrerin für Sport, Deutsch und Kunst und liebt es, durch Kreativität Schönheit und Liebe in die Welt zu bringen. Neben ihrem Beruf ist sie als Künstlerin und Sängerin aktiv. Sie ist verheiratet und lebt mit ihrem Mann und ihrer kleinen Tochter in Hanau.

Nadja Nap

Auch Engel brauchen mal 'ne Pause

Eine Geschichte übers Loslassen und Vertrauen

Es war einmal ein kleiner Engel, der auf die Erde geschickt wurde, um den Erdenbewohnern zu helfen und Hoffnung zu verbreiten. Der Engel hatte ein besonders großes Herz und starke Flügel, die ihn schnell überall dorthin trugen, wo er gebraucht wurde.

So verschwendete das kleine Engelmädchen keine Zeit, und noch bevor es anfing, sein eigenes kleines Haus zu bauen, pflanzte es viele Bäume und Blumen in seinem Garten und ließ sie wachsen und gedeihen. „Ich möchte, dass viele Tiere hier leben können und dass die Bienen eine große Wiese mit den schönsten Blumen und dem köstlichstem Nektar genießen können."

Und es dauerte nicht lange, da kamen tatsächlich die ersten
Waldtiere und fleißigen Bienen und besuchten das kleine Paradies
des Engels. Solange sein eigenes Haus noch nicht fertig war,
würde er einfach unter seinen Flügeln schlafen,
die ihn nachts wärmen konnten.

Am nächsten Tag beschloss das Engelmädchen, endlich mit dem Bau seines eigenen Hauses anzufangen, doch da entdeckte es plötzlich ein kleines Eichhörnchen am Rande seines Gartens, das verzweifelt versuchte, den Baum hinaufzuklettern.

„Hey, kleines Eichhörnchen, brauchst du Hilfe?", fragte der kleine Engel mitfühlend. Das Eichhörnchen hatte Tränen in den Augen und nickte schüchtern: „J-ja, bitte. Ich habe mich gestern verletzt und komme jetzt einfach nicht mehr den Baum hoch in mein Zuhause."

Das Engelmädchen verstand sofort, schnappte sich das
kleine Eichhörnchen und flog mit ihm den Baum hinauf.
Das Eichhörnchen konnte sein Glück nicht fassen und bedankte
sich fröhlich lächelnd. Der kleine Engel beschloss, ihm von nun
an Nahrung zu sammeln und sie zu seinem Bau hochzufliegen.
So lange, bis es sich wieder erholt haben und selbst wieder
klettern können würde. Auf der Suche nach Nahrung für das
kleine Eichhörnchen beschloss der Engel, auch gleich das richtige
Holz für sein eigenes kleines Häuschen zu besorgen. Dann würde
er am nächsten Tag direkt mit dem Hausbau anfangen können.

Am nächsten Morgen sah das Engelmädchen jedoch einen bedrückt wirkenden Wolf an seinem Garten vorbeilaufen. „Hey, lieber Wolf, wieso schaust du denn so traurig?", fragte es besorgt. Der Wolf hob kurz seinen Kopf und blickte dann wieder mit traurigen Augen auf den Boden: „Ich habe mein Rudel verloren, und gestern ist auch noch meine Höhle eingestürzt. Jetzt habe ich nicht mal mehr einen sicheren Ort zum Schlafen." Der kleine Engel streichelte dem Wolf verständnisvoll über den Rücken und sagte dann lächelnd: „Wir bauen dir in meinem wunderschönen Garten eine wunderschöne Hütte, in der du vor Kälte und Regen geschützt bist."

Und so arbeiteten die beiden drei Tage lang, bis die kleine Hütte für den Wolf sowie ein kleiner Zaun rund um den Garten des Engels fertig waren.

Dabei verbrauchten sie all die gesammelten Materialien, die der kleine Engel für sein eigenes Haus benötigt hätte. „Dann hole ich mir die Tage einfach neues Holz", dachte sich der Engel zuversichtlich. „Der Wolf hat schließlich keine großen Flügel, die ihn warm halten und ihm ein Gefühl von Geborgenheit schenken können."

Doch auch an den folgenden Tagen kam der kleine Engel nicht dazu, seinen eigenen Rückzugsort zu bauen, da immer mehr Arbeit auf ihn wartete. Die übrigen Wald- und Wiesenbewohner hatten schnell von der Herzensgüte und Hilfsbereitschaft des Engels mitbekommen und baten ihn nun täglich um kleine Gefälligkeiten. Wenn er abends in seinen Garten zurückkehrte, dann war er viel zu erschöpft, um noch auf die Suche nach geeigneten Baumaterialien zu gehen. So vergingen viele Tage und Wochen. Ohne Pause. Ohne Rückzug.

Dem kleinen Engelmädchen wurde bewusst, wie viel Hilfe um es herum benötigt wurde, und es wollte noch mehr helfen. Also stand es am Morgen noch etwas früher auf und ging abends noch später schlafen, damit es länger für die anderen da sein und sie unterstützen konnte. So vergingen weitere Tage und Wochen, und schließlich sogar Monate.

Das kleine Eichhörnchen und der Wolf fingen an, sich Sorgen zu machen, da der kleine Engel immer erschöpfter aussah und immer noch kein Häuschen für sich selbst hatte. Und das, obwohl es langsam kälter und ungemütlicher wurde.

Doch als die beiden ihre Bedenken äußerten und dem kleinen Engel ihre Hilfe anboten, lehnte er diese sofort ab: „Nein, nein, ich bin doch ein Engel. Ich bin doch schließlich dazu hier, um anderen zu helfen, und nicht, um mir selbst helfen zu lassen. Aber vielen lieben Dank!" Mit diesen Worten wollte das Engelmädchen gerade losfliegen, um den Ottern mit ihrem Damm zu helfen, doch dann … „Meine Flügel! Sie fliegen nicht mehr!", rief es erschrocken und ängstlich. Der kleine Engel versuchte es noch ein paar Mal, doch es klappte einfach nicht. Seine früher so starken Flügel hingen nun reglos an ihm runter. Das Engelmädchen lief weinend zu einer nahe gelegenen Lichtung, wo es traurig in den Himmel blickte: „Ist das etwa eine Strafe, weil ich nicht genug geholfen habe? Habe ich etwas falsch gemacht?", flüsterte es.

Der kleine Engel setzte sich erschöpft und enttäuscht von sich selbst auf den Boden. „Ich bin einfach zu schwach und schaffe es nicht, meinen Auftrag zu erfüllen", dachte er sich, während große Tränen seine Wangen hinabliefen.

Plötzlich bemerkte das Engelmädchen, dass in weiter Ferne zwei Stimmen nach Hilfe riefen. Es hob seinen Kopf und versuchte herauszufinden, woher genau die Rufe kommen konnten. Dann folgte es rennend den verzweifelten Stimmen und sah schließlich zwei Rinder hinter einem großen Baum, der ihnen den Weg versperrte. Hinter ihnen war ein reißender Fluss. Die zwei Rinder sahen verängstigt aus. „Keine Sorge! Ich hole euch da raus!", rief der kleine Engel mit sanfter, aber entschlossener Stimme.

Das Engelmädchen schaute sich hastig um, doch es konnte keinen Ausweg erkennen. Verzweifelt zog es, so stark es konnte, an einem Ast des riesigen Baumstamms, aber der war viel zu groß und viel zu schwer. Wieder schossen Tränen in seine Augen, als es feststellte, dass es einfach nicht stark genug war – vor allem ohne seine Flügel.

Der kleine Engel zog und zog, doch der Baum bewegte sich nicht mal ein paar Millimeter. Da fiel das Engelmädchen weinend vor den zwei Rindern auf die Knie und schluchzte: „Es tut mir so leid, es tut mir so furchtbar leid, aber ich kann euch nicht helfen." Die zwei Rinder schauten sich verwundert an und lächelten dann sanft: „Aber das muss dir doch nicht leidtun! Du bist doch schließlich nicht schuld, dass der Baum hier liegt!" „A-aber ich bin doch ein Engel …", antwortete der kleine Engel, „… u-und ich bin hier, um anderen zu helfen. Aber ich bin einfach nicht stark genug!"

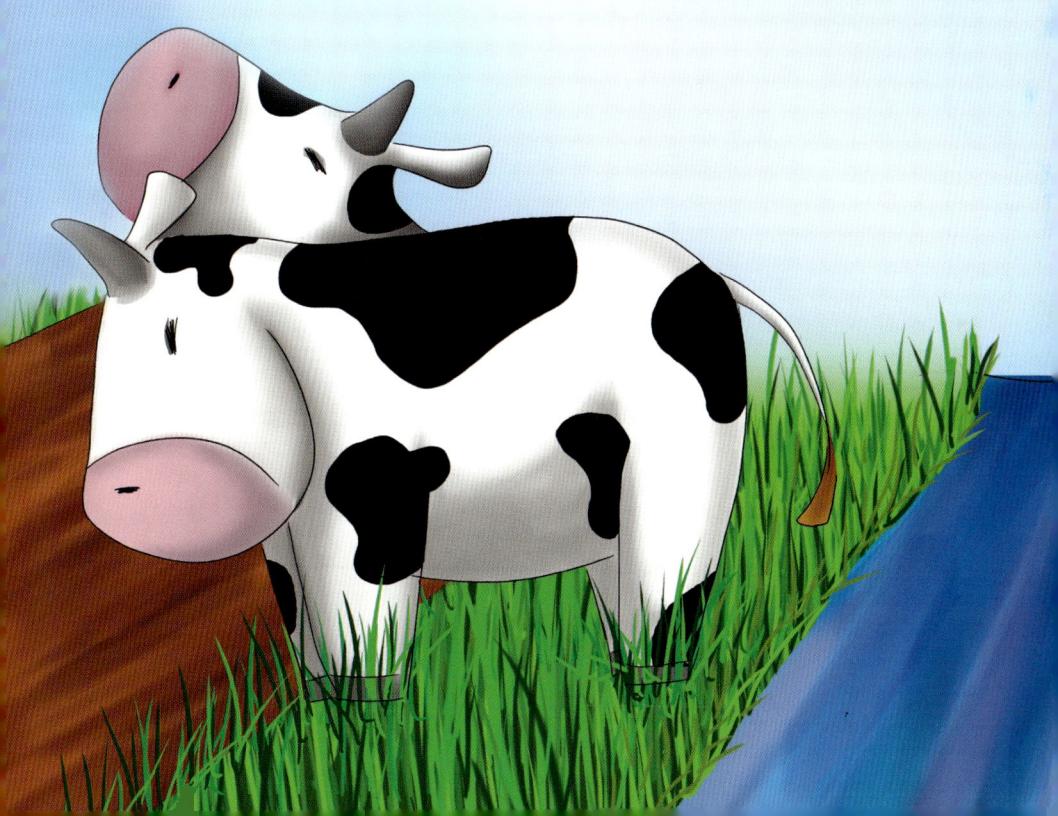

Das eine Rind schüttelte den Kopf: „Na, na, wie soll denn dein kleiner Rücken so viel Verantwortung tragen? Bürdest du dir da nicht ein bisschen viel auf?" Der kleine Engel blickte fragend auf, als er plötzlich jemanden rufen hörte. „Kleiner Engel!!!" Es waren das Eichhörnchen und der Wolf mit einer riesigen Herde von Wald- und Wiesenbewohnern im Schlepptau. Sie rannten auf den kleinen Engel zu: „Wir haben dich gesucht, und die Vögel haben uns schließlich verraten, wo du bist und dass zwei Rinder in Gefahr sind."

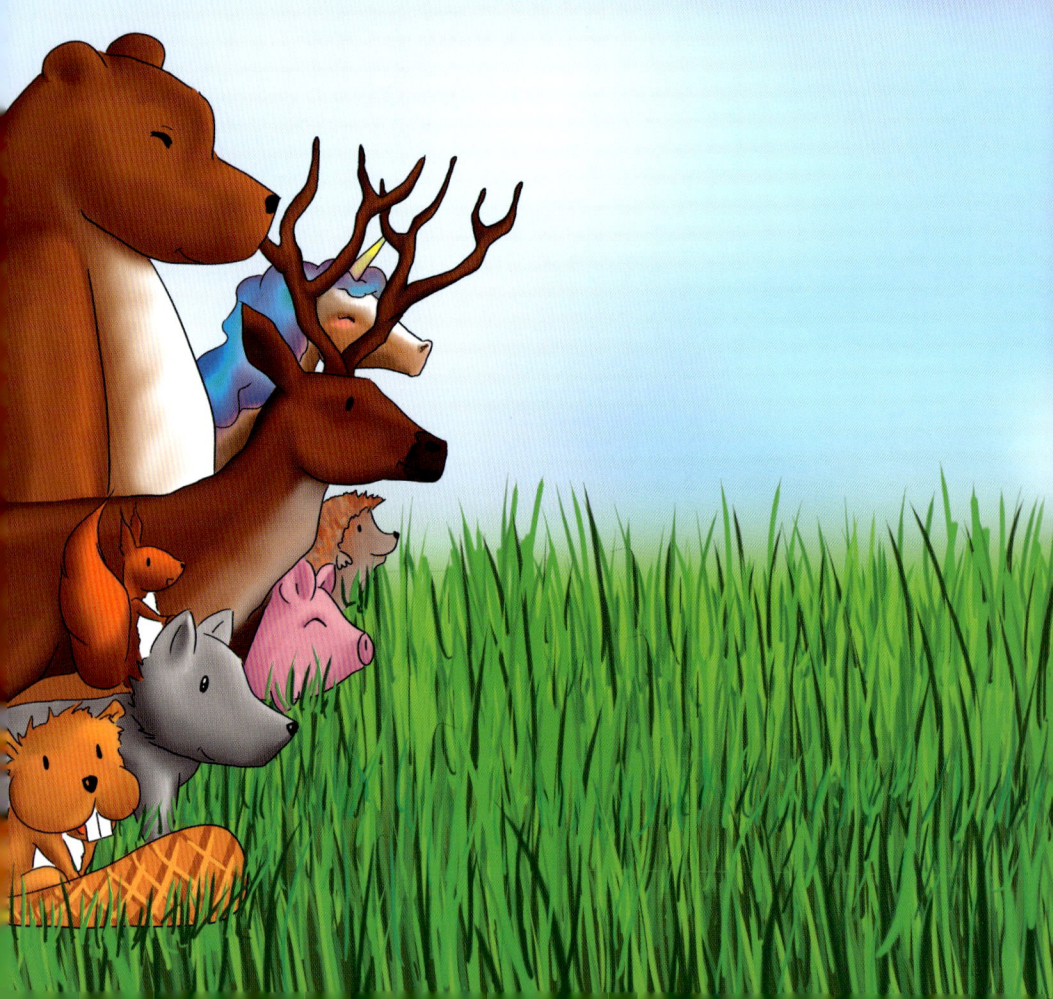

Der kleine Engel war immer noch zu überrascht und schaute deshalb nur sprachlos auf die große Tierherde. „Wir sind hier, um zu helfen!", sagte der Wolf entschlossen. „Gemeinsam!", fügte das Eichhörnchen begeistert hinzu. Das Engelmädchen wischte seine Tränen weg und nickte stumm lächelnd.

Die Tiere legten lange Seile um den Baumstamm herum und zogen dann alle gemeinsam so fest, wie sie konnten. Der riesige Baum kam in Bewegung, und sie schafften es, ihn vollständig zur Seite zu ziehen und die Rinder zu befreien. Alle jubelten laut und feierten gemeinsam.

Am Abend organisierten die Tiere in der Scheune der zwei Rinder ein großes Fest, zu dem jeder Wald- und Wiesenbewohner etwas mitbrachte. Es war ein wundervoller Abend und eine tolle Gemeinschaft. Als alle anderen schon eingeschlafen waren, lief der kleine Engel noch mal auf die Lichtung und blickte in den dunklen Nachthimmel mit seinen unzähligen funkelnden Sternen. In diesem Moment erschien ein kleines Glühwürmchen, das sich auf der Nase des kleinen Engels niederließ: „Es war keine Strafe. Und du bist auch nicht zu schwach für deine Aufgabe. Es war einfach alles zu viel." Die Stimme machte eine kurze Pause, und der kleine Engel lauschte der Stille. „Du warst so beschäftigt damit, anderen zu helfen, dass du keine Zeit hattest, für dich selbst zu sorgen. Dabei bist du genauso wichtig. Wenn du so lange über deine eigenen Grenzen gehst, hast du irgendwann einfach keine Kraft mehr, anderen zu helfen. Also musst du auch auf dich selbst achten. Und du darfst das auch. Weil du wertvoll bist, auch wenn du nichts tust." Das kleine Leuchten flog lautlos zurück in den dunklen Himmel und verschwand nach einiger Zeit.

Der kleine Engel blickte auf seine müden Flügel, faltete seine Hände und schloss seine Augen: „Es tut mir leid", seufzte er erleichtert. „Ich werde in Zukunft besser auf mich aufpassen." Seine Flügel breiteten sich sanft aus und umschlossen ihn. Dann ging er in die Scheune zurück und schlief zum ersten Mal seit Monaten wieder richtig lange und tief.

Als der kleine Engel am nächsten Morgen aufwachte, war die Scheune leer und kein einziges Tier mehr zu sehen. Er streckte sich genüsslich und lief dann langsam nach Hause. In seinem schönen Garten angekommen, traute das Engelmädchen seinen Augen nicht: Neben der Hütte des Wolfes stand nun ein wunderschönes Häuschen. „ÜBERRASCHUNG!!!!!", riefen die versammelten Tiere glücklich und rannten auf den kleinen Engel zu. Sein Herz hüpfte vor Freude und Dankbarkeit, als der Wolf ihm sein neues Heim zeigte. „Wir haben dir außerdem schon einen Wintervorrat an Nahrung gesammelt", lächelte das kleine Eichhörnchen. „… und dir Holz zum Feuermachen vorbereitet", fügten die Rinder stolz hinzu.

Der kleine Engel hätte nicht glücklicher sein können. Fortan halfen die Wald- und Wiesenbewohner sich viel öfter gegenseitig, sodass der kleine Engel noch ausreichend Zeit für sich selbst und seine Freunde und Freundinnen hatte. So wurden auch die Tiere des Waldes glücklicher, da sie das schöne Gefühl des Helfens und Unterstützens kennenlernten und einen wunderbaren Zusammenhalt erlebten. Ohne es zu wissen, hatte der kleine Engel trotz – oder vielleicht sogar gerade wegen seines Zusammenbruchs seinen Auftrag erfüllt …

Nachwort

Wenn du dieses Buch in den Händen hältst, dann kannst du dir sicher sein, dass du für mindestens eine Person schon ein wahrer „Engel auf Erden" warst: Du warst da, als man dich brauchte. Du hast geholfen, wo immer du konntest. Du hast Licht gebracht, wo Dunkelheit herrschte.

Du warst aufopfernd und hingebungsvoll. Du hast von ganzem Herzen geliebt – alle anderen, nur dich selbst nicht so wirklich. Vermutlich hast du deshalb viel zu lange nicht auf dich und deine Grenzen geachtet, sämtliche Warnsignale ignoriert und einfach immer weitergemacht. Mit dem Helfen. Mit dem Lichtsein. Mit dem Lieben. So lange, bis du irgendwann nicht mehr konntest und erschöpft und leer am Boden lagst.

Wenn du diese Zeilen liest, dann möchte ich dir zusprechen: Ich war an dem gleichen Punkt. Doch ich durfte lernen, wieder zu fliegen. Weil ich mir erlaubt habe, selbst einmal Hilfe in Anspruch zu nehmen. Weil ich mir erlaubt habe, selbst einmal schwach zu sein. Mehr noch: Weil ich mir endlich erlaubt habe, Mensch zu sein. Und als Mensch bin ich niemals perfekt und kann nicht allen und jedem helfen – und es schon gar nicht allen recht machen.

Ich durfte lernen, gnädig mit mir selbst zu sein, eine gute und ausgewogene Selbstfürsorge zu betreiben und mit mir so umzugehen, wie es für einen kostbaren und liebenswerten Schatz angemessen ist, der ich in Gottes Augen bin. Genauso, wie du es bist!

In der Bibel steht: „Einer trage des andern Last, so werdet ihr das Gesetz Christi erfüllen (Galater 6,2). Ich wünsche dir von Herzen, dass du dir nun auch beim Tragen deiner eigenen Last helfen lässt – von anderen Menschen und von dem einen und Einzigen, der wirklich immer da ist, der wirklich immer helfen kann, der wirklich das Licht dieser Welt ist und bedingungslos liebt – jeden Menschen, aber auch und ganz besonders dich: Jesus Christus.

Und genau deswegen wünscht er sich, dass du ebenfalls lernst, dich selbst zu lieben. Ja, mit all deiner Menschlichkeit. Dass du lernst, Ja zu dir zu sagen, so wie du zu deinen Mitmenschen Ja sagst. Und das zu empfangen, was du selbst so gerne gibst.

Ich wünsche dir, dass du es wagst, jetzt einfach mal zu sein. Und anzukommen in deinem persönlichen Zufluchtsort. Und darauf zu vertrauen, dass Gott selbst alles und jeden in seiner Hand hält, auch wenn wir nicht mehr können und den Halt verloren haben.

Bitte nimm dir die Zeit, die du brauchst, bis du wieder fliegen kannst, und sei dir sicher: Es gibt jede Menge dankbarer „Waldbewohner", die nun dir zum „Engel" werden wollen …

Einer meiner „Engel" ist meine liebe Freundin Nadja, die mir dieses Buch geschenkt hat, als ich aufgrund einer schweren Erschöpfungsdepression mehrere Wochen in eine Klinik musste. Es hat mich damals zu Tränen gerührt. Heute erinnert es mich immer wieder daran, dass ich nicht alles allein schaffen muss, sondern immer wieder zur Ruhe kommen und auch mal schwach sein darf. Das gilt für mich genauso wie für dich. Und solange deine Flügel noch zu schwach zum Fliegen sind, darfst du wissen: Du bist getragen von Menschen, die dich lieben, und von einem Gott, der die Liebe in Person ist.

Désirée Wiktorski

**„Einer trage des andern Last,
so werdet ihr das Gesetz Christi erfüllen."**
Galater 6,2

Verwendete Bibelübersetzung:
Lutherbibel, revidiert 2017, © 2016 Deutsche Bibelgesellschaft, Stuttgart

© 2022 der deutschen Ausgabe
Gerth Medien in der SCM Verlagsgruppe GmbH, Dillerberg 1, 35614 Asslar

2. Auflage 2023
Bestell-Nr. 817837
ISBN 978-3-95734-837-1

Umschlaggestaltung: Hanni Plato
Satz: Karolin Offermann
Illustrationen und Text: Nadja Nap
Druck und Verarbeitung: FINIDR s.r.o
Printed in Czech Republic